AF227172

« L'infamie des juges fait la gloire de l'accusé. »

CONFÉRENCE

SUR LA

RÉPUBLIQUE NATIONALE

PAR

M. Albert CHICHÉ

AVOCAT A LA COUR D'APPEL

PRÉSIDENT DU COMITÉ RÉPUBLICAIN NATIONAL

DE BORDEAUX

Prix : **50** centimes.

Vendu au profit de la caisse du Comité RÉPUBLICAIN NATIONAL

BORDEAUX

IMPRIMERIE TAILLEBOURG & Cⁱ

3, rue des Argentiers, 3

CONFÉRENCE

SUR LA

RÉPUBLIQUE NATIONALE

PAR

M. Albert CHICHÉ

AVOCAT A LA COUR D'APPEL

PRÉSIDENT DU COMITÉ RÉPUBLICAIN NATIONAL

DE BORDEAUX

Prix : **50** centimes.

Vendu au profit de la caisse du Comité RÉPUBLICAIN NATIONAL

BORDEAUX

IMPRIMERIE TAILLEBOURG & Cᵒ

3, rue des Argentiers, 3

Lorsqu'au lendemain de l'un des plus épouvantables desastres de notre histoire, la République fut rétablie en France, une immense espérance vint réconforter tous les cœurs, car on pensait que cette forme idéale de gouvernement allait donner au pays les indispensables réformes qu'il réclamait depuis si longtemps, et que nous allions vivre sous le règne de la Liberté, de la Justice et de la Probité.

Cet espoir a été trompé : pendant les dix-huit années qui viennent de s'écouler, nous avons assisté à l'écœurant spectacle des luttes de coterie, des renversements de ministère, à la curée des places et des portefeuilles, au déchaînement de toutes les ambitions et de tous les appétits ; les réformes ont été indéfiniment ajournées, les intérêts du peuple ont été négligés, les finances gaspillées, les consciences persécutées, si bien qu'aujourd'hui, de toutes les classes de la société, s'élève une vaste clameur de mécontentement et de réprobation.

Ce mécontentement général n'est que trop légitime, mais il deviendrait injuste s'il s'en prenait à la République qui est innocente des fautes que l'on a commises en son nom. La République restera toujours chère à nos cœurs et nous saurions tous mourir pour la défendre. Ce n'est pas elle que nous accusons, mais la Constitution antidémocratique de 1875, et surtout les hommes qui se sont érigés en rois de la République, qui en ont fait leur chose, leur propriété, leur ferme, leur vache à lait. — *(Applaudissements)*.

La Constitution de 1875 est la première cause des maux dont nous souffrons ; œuvre d'une Assemblée réactionnaire, on y trouve sans cesse le souci de protéger le pouvoir contre les écarts du Suffrage universel, et nulle part la préoccupation de garantir le respect des volontés de la nation contre les empiétements possibles du pouvoir. On voit que ceux qui l'ont élaborée étaient persuadés qu'ils n'auraient bientôt qu'à remplacer le mot de Président de la République par celui de Roi, pour restaurer le gouvernement de leurs rêves ; en un mot, ils ont fabriqué une Constitution monarchique sur le dos de laquelle ils ont collé l'étiquette trompeuse de : République.

Un des principaux inconvénients de cette Constitution vicieuse, c'est l'instabilité ministérielle qui résulte de ce que les ministres, choisis par le président de la République dans le sein des Chambres, parmi les membres qui sont censés y représenter la majorité, doivent conserver constamment cette majorité ; le jour où ils sont mis en minorité sur une question quelconque au sujet de laquelle ils ont cru devoir demander un vote de confiance, ils sont obligés de remettre leurs démissions entre les mains du président de la République, et celui-ci doit chercher d'autres ministres parmi les membres qui semblent représenter la nouvelle majorité.

Ce système, qui pouvait paraître bon en principe, produit dans la pratique de déplorables résultats.

D'abord les députés, négligeant les lois utiles, qui restent éternellement à l'état de projet, perdent leur temps à intriguer dans les couloirs, à former entre eux des coalitions pour renverser le ministère et se partager ensuite les portefeuilles.

D'un autre côté les ministres, pour conserver la majorité qui leur est indispensable, en sont réduits à faire toutes sortes de concessions aux chefs de groupes influents. On peut dire qu'ils ne se maintiennent qu'à force de bassesses.

Pour plaire à celui-ci, ils renonceront à proposer une réforme qu'ils ont solennellement promise à leurs électeurs ;

pour ne pas déplaire à celui-là, ils ne s'opposeront pas au vote d'une loi qui leur paraît cependant nuisible aux intérêts généraux du pays ; pour se concilier les autres, ils distribueront des décorations, des bureaux de tabac, des places et des sinécures de toutes sortes aux frères, neveux, cousins et bâtards des collègues qui leur donneront en échange l'appui de leur vote. C'est là, il faut le reconnaître, un bien piteux marchandage, et il est triste de voir ainsi les représentants du peuple subordonner les intérêts supérieurs de la patrie aux plus mesquines considérations d'intérêt personnel.

Malgré toutes ces concessions, comme il n'est pas possible de contenter tout le monde, il arrive forcément un jour où il se forme une majorité de mécontents et d'ambitieux qui s'entendent pour tendre un piège au ministère, l'attirer sur un terrain glissant et le culbuter. Alors commence entre les vainqueurs la chasse aux portefeuilles, mais le président de la République est généralement très embarrassé pour reconstituer un nouveau ministère, parce que les hommes capables et honorables ne veulent pas accepter un portefeuille dans de semblables conditions, et que ceux qui les sollicitent sont indignes de les recevoir. En désespoir de cause, comme il faut absolument des ministres pour faire marcher la vieille machine parlementaire, on en est réduit, faute de grives à se contenter de merles, et l'on prend des ambitieux vulgaires, qui ne sont gênés ni par leurs principes, ni par leur dignité, ni par aucuns scrupules, et qui, pour toucher de bons appointements, sont disposés à accomplir les plus honteuses besognes.

Ainsi, grâce à ce système de bascule parlementaire, que nous appelons le parlementarisme ministériel, on arrive à un triple résultat : d'abord les députés passent leur temps à courir après les portefeuilles, ensuite les ministres ne travaillent qu'à le demeurer le plus longtemps possible, ce qui ne les empêche pas de faire la culbute au bout de quelques mois, et enfin, les hommes de valeur repoussant du pied les portefeuilles qui leur sont offert, le niveau ministériel s'abaisse de plus en plus.

Voilà le mal dont nous souffrons. Quel est le remède ? Le voici : il faudrait que les ministres soient pris en dehors de la Chambre, qu'ils n'aient qu'à faire exécuter ses volontés, qu'ils n'interviennent jamais pour jeter leur opinion personnelle dans la balance, et que la Chambre des députés, seule souveraine, ait le droit de les révoquer ou de les mettre en jugement dans le cas où ils commettraient des actes contraires aux lois, à la Constitution, où à la probité.

Je ne parle que de la Chambre des députés, parce que notre programme vise, comme vous le savez, la suppression du Sénat.

Ce n'est pas une des moindres bizarreries de notre Constitution que cette co-existence de deux Chambres dont l'une est issue du Suffrage universel, l'autre du Suffrage restreint, qui ont des pouvoirs égaux et dont l'une ne peut rien faire sans le consentement de l'autre. Car alors, de deux choses l'une : où bien le Sénat sera toujours du même avis que la Chambre des députés et, dans ce cas, il ne servira absolument à rien, ce sera une cinquième roue à un carrosse ; où bien il aura un avis contraire, ce qui fera naître de très dangereux conflits.

Voilà pour le résultat ; mais ce qui me paraît plus grave encore, c'est que l'existence du Sénat est absolument contraire au grand principe de la souveraineté nationale.

D'après ce principe incontestable et incontesté, la Chambre des deputés, directement issue du Suffrage universel, doit être seule souveraine ; or, non-seulement le Sénat, produit du Suffrage restreint, a ordinairement des droits égaux aux siens, mais encore dans plusieurs cas, il a des pouvoirs supérieurs. Dans la hiérarchie des grands corps de l'Etat, le Sénat a le pas sur la Chambre des députés ; on appelle le Sénat la Chambre haute, ce qui implique que la Chambre des députés n'est que la Chambre basse ; enfin le Sénat peut, d'accord avec le président de la République, dissoudre la Chambre des députés et renvoyer ses membres devant leurs électeurs.

Nous avons vu combien ce droit était abusif et dangereux à l'époque du Seize-Mai, lorsque le maréchal de Mac-Mahon, d'accord avec un Sénat réactionnaire, essaya d'attenter aux libertés du pays. Fort heureusement qu'il n'eût pas l'audace de pousser jusqu'au bout sa criminelle tentative et qu'il recula devant l'attitude énergique du parti républicain. Néanmoins cette dissolution produisit en France, pendant plusieurs mois, un trouble profond ; le Sénat, qui s'en était rendu complice, est devenu, depuis cette époque, de plus en plus impopulaire.

Aujourd'hui la mesure est comble puisque cette Assemblée de politiciens travestis en magistrats s'arroge le droit de juger le glorieux élu du Suffrage universel.

Que dis-je, juger ? Il s'agit bien d'un jugement. Un député n'a-t-il pas eu récemment le cynisme de déclarer qu'en politique il n'y avait pas de justice ? M. de Bismarck avait déjà dit que la force primait le droit ; mais il ne se doutait pas qu'à dix-huit ans d'intervalle un député français se ferait l'écho de cette odieuse maxime.

Non, il ne s'agit pas d'un jugement. Pour juger il faut être impartial, il faut n'obéir ni à la haine, ni à la crainte ; il ne faut se laisser influencer par aucun sentiment d'intérêt personnel. Or, dans le Sénat, il n'y a que des hommes politiques qui veulent frapper un adversaire dont ils ont peur, que des accusateurs décidés à prononcer une condamnation sans se préoccuper le moins du monde des principes les plus élémentaires de la justice.

Ils ne comprennent pas, dans leur aveuglement stupide, qu'ils ne parviendront qu'à grandir leur ennemi en couronnant son front de l'auréole de la persécution et de l'exil ; qu'ils n'arriveront qu'à se déshonorer eux-mêmes en élevant un piédestal à leur victime, car l'infamie des juges fait la gloire de l'accusé. — *(Applaudissements)*.

Nous estimons donc qu'il faut absolument remédier à l'instabilité ministérielle en choisissant les ministres en dehors de la Chambre, et supprimer le Sénat. La révision de la Constitution devra être faite, non pas par la Chambre des députés et le Sénat réunis en Congrès, car cette union hybride ne pourrait enfanter qu'un produit bâtard, mais par une Constituante, directement nommée à cet effet par le Suffrage universel, et dont l'œuvre sera soumise au *referendum*, c'est-à-dire à la sanction populaire.

Lorsque la Chambre nouvelle sera nommée, si, comme nous l'espérons, elle renferme une majorité élue sur ce programme, elle devra demander immédiatement la nomination de la Constituante ; si le président de la République refuse, si, d'accord avec le Sénat, il prononce la dissolution de la Chambre, elle sera renommée en masse par les électeurs et refusera de voter le budget ; devant cette résistance invincible le président de la République et le Sénat seront obligés de se soumettre ou de se démettre.

C'est ainsi que pacifiquement, et en n'employant d'autre arme que le bulletin de vote, nous arriverons à triompher de tous les obstacles ; c'est ainsi que nous obtiendrons une organisation politique meilleure qui nous permettra d'accomplir les grandes réformes sociales, économiques et judiciaires dont la nécessité se fait si vivement sentir.

Tel est le but que nous poursuivons au grand jour, faisant appel au concours de tous les bons citoyens, marchant droit notre chemin, malgré les outrages sans nom d'adversaires de mauvaise foi qui nous accusent de vouloir égorger la République, alors que nous voulons tout simplement la purifier; l'écheniller, en la débarrassant des parasites qui l'exploitent et qui la ruinent.

Quels sont donc ces hommes qui nous insultent chaque jour ? Ce sont ceux qui composent le parti opportuniste, pieuvre immonde dont les tentacules étreignent le pays tout entier ; ils occupent toutes les places, ils ont la main dans tous les marchés, ils distribuent à leur gré les pensions, les décorations, les sinécures. Leur grand prêtre est M. Jules Ferry, l'homme le plus néfaste de la République ; c'est lui qui, à notre époque d'apaisement et de libre pensée, a surexcité les haines et les passions en inaugurant le système des persécutions religieuses. — *(Protestations)*.

Ah ! citoyens, permettez-moi de vous parler à cœur ouvert sur ce point ; je ne suis ni un clérical ni un cagot, croyez-le bien ; je ne pratique aucune religion et je dirais volontiers avec le poëte :

> O Christ, je ne suis pas de ceux que la prière
>
> Dans tes Temples muets amène à pas tremblants.

Non, je suis libre-penseur, mais je respecte toutes les croyances et toutes les opinions, comme je désire qu'on respecte les miennes. Je veux qu'on rabatte l'orgueil du prêtre insolent et dominateur, mais je n'admets pas qu'on chasse du chevêt des malades d'humbles filles dont on ne remplacera jamais l'admirable dévouement. Car, sachez-le bien, eussiez-vous mille fois blasphémé le nom du Dieu qu'elles adorent, leurs mains chastes et bénies ne refuseront pas de panser vos plaies.

Et prenez garde ; la voie des persécutions et des proscriptions est glissante. L'égoïste peut rester indifférent lorsqu'on persécute son voisin, mais son tour viendra, car le persécuteur ne respecte personne. Aujourd'hui notre tour est venu, et dans ce pays qui est la proie d'une méprisable coterie, ce sont les meilleurs républicains qui sont le plus odieusement persécutés.

Honte à celui qui a inauguré ce système de persécutions, car il n'a même pas obéi à une conviction profonde ; il n'avait pour mobile que de flatter de misérables passions ; mais ceux-là même dont il a voulu acheter la faveur par de basses complaisances le repoussent et le méprisent comme on méprise la courtisane après qu'elle a satisfait de honteux caprices. — *(Applaudissements)*.

Voilà donc le premier crime de M. Jules Ferry ; le second, vous le savez tous, c'est l'expédition du Tonkin.

Lorsque nous avons à notre frontière un implacable ennemi qui nous observe et nous menace sans cesse, alors que nous avons tant besoin de concentrer sur notre sol toutes nos forces pour lui faire face à un moment donné, on a conçu la criminelle folie de gaspiller nos finances et notre matériel de guerre pour aller combattre au loin des peuplades dont nous sommes séparés par l'immense étendue des Océans et des mers. On a expédié des milliers de soldats français sur les plages lointaines de l'extrême Orient, sans prendre même les précautions les plus élémentaires pour sauvegarder leur santé ; on les a entassés à bord de navires où ils étaient plus mal traités que des forçats ; on leur a fait traverser le canal de Suez à l'époque des plus terribles chaleurs, et on les a jetés sur ces rives malsaines où un grand nombre d'entre eux sont morts de maladie ou sous les coups des pirates.

Ils dorment là-bas, ces humbles héros ; ils sont tombés sans avoir la satisfaction de verser leur sang pour défendre le sol de la Patrie ; leurs os reposent sur une terre étrangère, et leurs mères désolées n'ont même pas la suprême consolation d'aller verser des larmes et porter des fleurs sur leur tombe.

Ah ! lorsque M. Jules Ferry s'endort dans un lit moelleux

ne voit-il pas, dans ses rêves, les ombres de ces infortunés se dresser devant lui pour l'accabler de malédictions ?

Non, M. Jules Ferry n'a pas de remords ; il a su se faire un front qui ne rougit jamais et une conscience aussi complaisante que son estomac. Il déclare, dans les nombreux banquets auxquels il assiste, que tout va pour le mieux dans le meilleur des mondes, que le Tonkin est un pays très salubre et il se glorifie de l'épithète de Tonkinois dont l'indignation publique l'a marqué au front.

Mais il se garderait bien d'y aller, comme Paul Bert ; il aurait peur d'y attraper la colique. Envoyer les autres se faire tuer, et rester paisiblement dans ses foyers, insulter de loin ses adversaires et se dérober lorsqu'ils se montrent, telle est la politique de M. Jules Ferry.

Vous vous rappelez qu'après avoir grossièrement insulté le Général Boulanger il a refusé de se battre avec lui Tout récemment, dans une réunion privée, car il n'oserait pas se montrer dans une réunion publique, il a dit que le parti boulangiste ne se composait que d'ignorants et de malfaiteurs, qu'il fallait reconduire les uns à l'école, rejeter les autres dans le ruisseau, et que le meilleur remède à leur appliquer était une bonne police.

La police ! voilà le suprême argument de cet opportuniste qui se dit républicain ; condamné par l'opinion publique il fait appel à la force.

Il nous traite d'ignorants parce que nous connaissons les trafics honteux des hommes de son entourage.

Il nous traite de malfaiteurs parce que nous voulons chasser les voleurs de la République.

Eh bien ! Monsieur Jules Ferry en a menti, il n'y a pas en France de plus dangereux malfaiteur que lui et au nom du grand Parti national qu'il s'est permis d'insulter, je le soufflète de mon mépris.

M. Crispi, lui aussi, tout en léchant les bottes de M. de

Bismarck, vient d'insulter le Général Boulanger. Crispi et Ferry font la paire ; ces deux génies malfaisants de leur patrie étaient dignes de se rencontrer et de chanter ensemble le même duo injurieux. — *(Applaudissements)*.

Maintenant que j'ai fait justice du grand mandarin opportuniste, je dédaigne de m'occuper du troupeau qui l'environne, qui l'encense, qui boit ses paroles, qui lui offre des banquets, qui prend le pan de sa chemise pour drapeau et son nez pour le phare de la République. — *(Hilarité)*

Ces hommes ont eu la prétention de confisquer la France à leur profit, de la dévorer en famille ; ils ont lancé l'anathème à tous ceux qui ne voulaient pas passer sous leur joug ; après avoir bâti une petite chapelle dont la porte s'entr'ouvrait à peine, ils se sont écrié : « Hors de » notre église, point de salut ! »

A cette excommunication de la coterie opportuniste le Général Boulanger a opposé la large formule de la République nationale ouvrant les bras à tous les bons français qui veulent l'affermir en la purifiant.

A la République autoritaire et persécutrice de M. Jules Ferry, il a opposé la République libérale et tolérante, respectant toutes les croyances, toutes les libertés et tous les droits, République de progrès, accomplissant les grandes réformes depuis si longtemps désirées, et renonçant au vieux système des expéditions lointaines afin de concentrer sur notre sol toutes nos forces vives, tous nos capitaux à l'aide desquels on pourrait accomplir d'utiles travaux qui développeraient nos industries et assureraient l'existence de nos travailleurs.

Voilà ce que nous voulons ; tel est le complot que nous organisons au grand jour. Pour arriver à ce résultat, pour décrocher du pouvoir les opportunistes qui s'y cramponnent, nous faisons appel au concours de tous.

Nous disons aux républicains : Venez combattre avec nous pour nous aider à fonder une République puissante, démocratique et progressive, protégeant les intérêts des faibles contre ceux qui les exploitent, respectée à l'intérieur pour son honnêteté, et conservant toujours vis-à-vis de l'étranger une attitude fière et digne. Ne vous laissez pas tromper par les grossières calomnies de ceux qui prétendent que nous voulons pousser un homme à la dictature ; ceux qui vous racontent de pareilles bourdes veulent abuser de votre naïveté ; dans notre pays de liberté, un homme qui serait assez fou pour aspirer à la dictature serait bientôt abattu ; il y aurait mille Brutus pour ce nouveau César. Nous n'attaquons pas le parlementarisme en lui-même, bien loin de là, mais seulement les vices du parlementarisme actuel. Nous voulons que la nouvelle Constitution soit élaborée par une Constituante directement nommée à cet effet, et que son œuvre soit soumise à la sanction du Suffrage universel. Pouvez-vous imaginer quelque chose de plus démocratique ?

Nous disons aux anciens bonapartistes : le grand empereur repose sous le dôme des Invalides ; ses héritiers sont des nains incapables de soulever son épée ; sa couronne les écraserait et le manteau impérial ferait fléchir leurs faibles épaules. Renoncez-donc à des rêves chimériques ; puisque vous êtes vous aussi des fils de la Révolution, venez vous réconcilier avec nous sur le terrain de la République nationale ; elle pourra vous donner la gloire en même temps que la Liberté..

Nous disons aux légitimistes : gardez vos croyances, conservez vos espérances, cultivez dans vos cœurs le culte du passé, mais votez avec nous contre l'ennemi commun ; notre République vous accordera la paix, la tranquilité, la liberté de conscience ; elle vous respectera à la condition que vous la respecterez elle-même.

N'est-ce pas un beau rêve que de réconcilier tous les bons français sur le terrain de la République, de convaincre les uns par le raisonnement, de désarmer les autres par la mansuétude et de les unir tous dans un même sentiment de fraternité et de patriotisme.

Lorsque l'on poursuit un but aussi élevé, lorsqu'on a la conscience de travailler au bonheur commun, on se sent la force de braver toutes les persécutions et tous les outrages. On peut nous insulter, nous calomnier et nous emprisonner, mais on ne parviendra jamais à nous décourager ni à nous abattre.

Confiants dans l'avenir, nous assistons impassibles à l'agonie de nos adversaires. : les députés hurlent et trépignent dans ce Palais-Bourbon où la plupart d'entre eux ne reviendront pas ; on y retire la parole à ceux qui montent à la tribune pour dénoncer les procédés inquisitoriaux de la Haute-Cour de Justice ; la Commission des neuf travaille dans l'ombre et le mystère à échafauder un complot imaginaire ; peu nous importe, l'heure de la justice et de la délivrance sonnera bientôt.

Les policiers du dictateur Ferry peuvent, pendant quelques jours encore, violer le secret des lettres et le domicile des citoyens, crocheter les serrures et fermer la bouche des hommes courageux qui se lèvent pour les flétrir, mais ils ne baillonneront pas le Suffrage universel.

Le mandat de ces parlementaires avilis, qui tolèrent en silence les actes du plus monstrueux arbitraire, expirera dans quelques jours ; le peuple souverain reprendra ses droits et il tâchera d'en confier la garde à des hommes plus dignes de le représenter.

Citoyens, vous aurez bientôt une grande œuvre à accomplir ; vous tiendrez dans vos mains l'avenir de la République. Si vous ne marchez pas au scrutin en rangs serrés, unis dans un commun sentiment de patriotisme, nous serons pendant quatre années encore sous la domination de la coterie opportuniste.

Si, au contraire, vous accomplissez énergiquement votre devoir, vous fortifierez la République en lui infusant un sang plus jeune et plus pur, vous la débarrasserez des parasites qui la déshonorent et qui l'exploitent, vous fonderez sur des bases inébranlables la République nationale dont le Général Boulanger sera, non pas le dictateur, mais le serviteur fidèle, faisant respecter à l'intérieur les droits des humbles et des faibles, comme il saurait à l'occasion, faire respecter par l'étranger le drapeau de la France. — *(Applaudissements prolongés)*.

Bordeaux — Imp. TAILLEBOURG et Cⁱᵉ, rue des Argentiers, 3.

157